Ser un superhéroe

Liz Shmuilov
Ilustrado por Mary K. Biswas

www.kidkiddos.com
Copyright ©2019 by KidKiddos Books Ltd.
support@kidkiddos.com

All rights reserved. No part of this book may be reproduced in any form or by any electronic or mechanical means, including information storage and retrieval systems, without written permission from the publisher, except in the case of a reviewer, who may quote brief passages embodied in critical articles or in a review.
Todos los derechos reservados. Ninguna parte de este libro se puede utilizar o reproducir de forma alguna sin el permiso escrito y firmado de la autora, excepto en el caso de citas breves incluidas en reseñas o artículos críticos.
First edition, 2019

Translated from English by Karen Rodríguez
Traducido del Inglés por Karen Rodríguez
Spanish editing by Mónica Michel and Alvaro Ahumada
Revisión del texto en español por Mónica Michel y Alvaro Ahumada

Library and Archives Canada Cataloguing in Publication
Being a Superhero (Spanish Edition)/ Liz Shmuilov
ISBN: 978-1-5259-1313-6 paperback
ISBN: 978-1-5259-1314-3 hardcover
ISBN: 978-1-5259-1312-9 eBook

¡Hola, amigos! Mi nombre es Maya. Soy una lagartija. Quiero contarles una historia acerca de mi mejor amigo, Ron la rana, quien se convirtió en un superhéroe.

Un día de verano, estaba en la casa de Ron viendo nuestro programa favorito de superhéroes.

Sabes dijo Ron de repente, sería genial ser un superhéroe. ¡Así podríamos ayudar a otros!

¡Es una gran idea! respondí, mientras millones de ideas venían a mi mente. ¡Podría ser tu entrenadora y enseñarte todo lo que un superhéroe necesita saber!

He visto muchas películas, puedo enseñarte añadí.

En cuanto escuchó esto, una mirada de esperanza apareció en el rostro de Ron.

Pero todo superhéroe necesita un súper poder dijo en voz baja.

Pensé por un momento.
¡Tu súper poder puede ser tu talento de dar grandes saltos! ¡Ah, y tus manos pegajosas!

¡Sí! Ron saltó emocionado.

Ahora necesitamos un traje. Algo que todos reconozcan dije.

Ron corrió a su habitación y sacó una camiseta roja. ¡Podemos pintar una estrella enorme en esta camiseta!

¡Qué gran idea! sonreí. ¿Qué tal una capa?

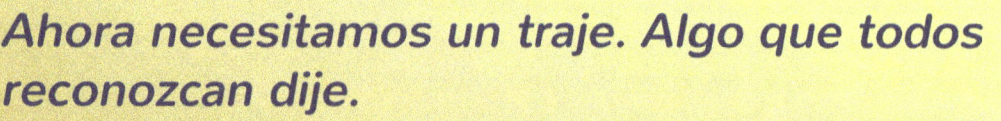

¡Podemos utilizar mi cobija favorita! exclamó Ron. Sus ojos brillaban.

Nos pusimos a trabajar, dibujando y pintando la camiseta de Ron.

¡Se ve fantástica! ¡Te vas a ver como un superhéroe de verdad! dije cuando terminamos.

A la mañana siguiente, nos encontramos en el parque y empezamos a practicar.

Hoy, te enseñaré unas cuantas cosas importantes que todo superhéroe necesita saber: Las Tres Reglas del Superhéroe.

Nos sentamos en una banca y le expliqué las reglas a Ron.

Regla número uno: nunca te rindas, no importa lo difícil que sea la situación.

Regla número dos: aprende de tus errores, para que puedas hacerlo mejor la próxima vez.

Regla número tres: ¡siempre recuerda que puedes hacer todo lo que te propongas!

Trabajamos en memorizar las reglas y luego fuimos a mi casa.

Cuando llegamos a casa, nos encontramos con mi hermanito Danny. Se veía molesto.

¡No encuentro mi juguete favorito! lloró a gritos.

Miré a Ron y le susurré:
¡Esta parece ser una misión para un superhéroe!

Ron sonrió y asintió.
¿Cómo es el juguete? preguntó.

Es mi juguete de peluche, el león del programa de superhéroes de la televisión dijo Danny.
Es grande y suave.

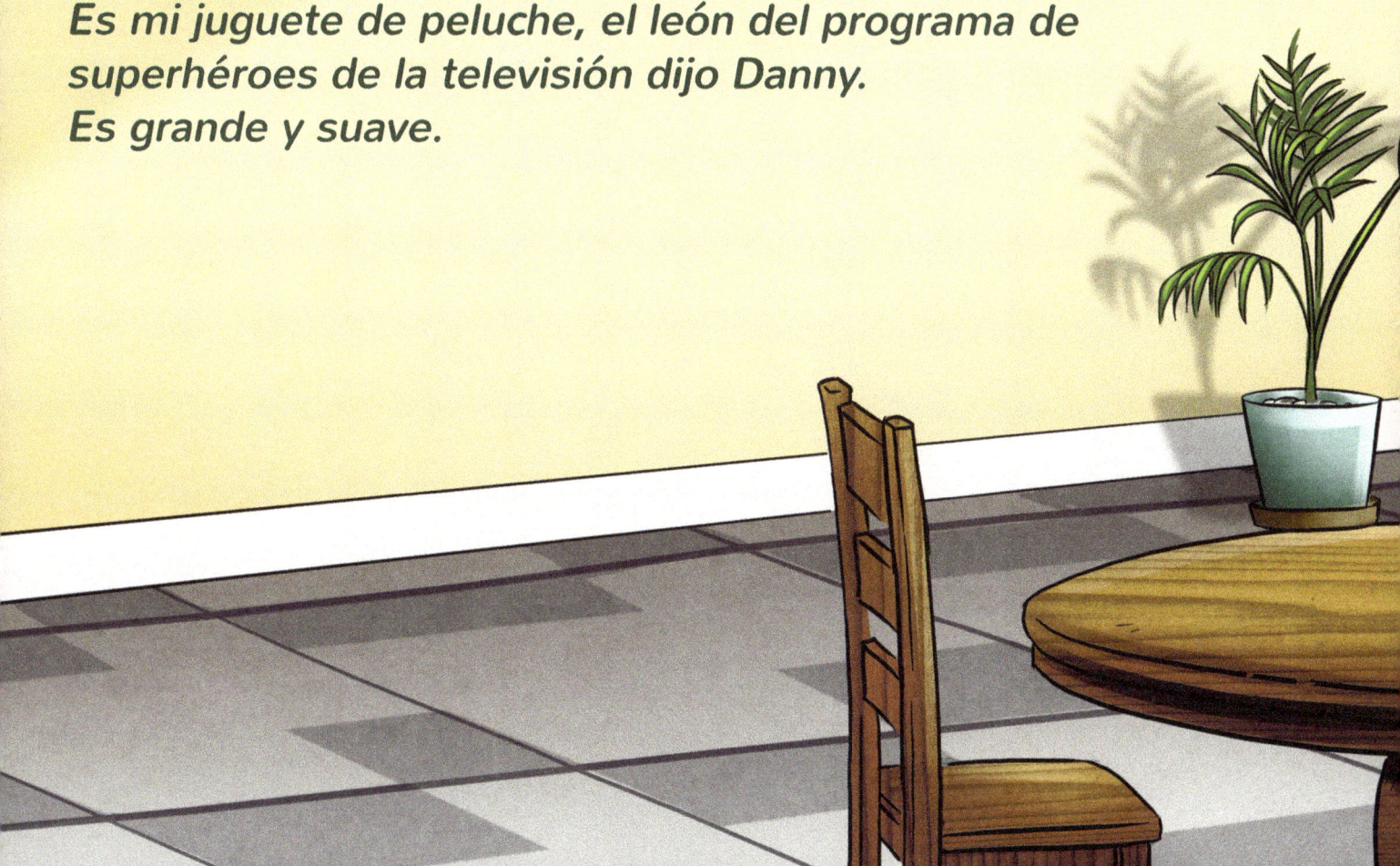

No te preocupes, lo encontraremos Ron le aseguró y comenzamos con nuestra primera misión.

Buscamos por todas partes, en los armarios, en la alacena, detrás de las mesas y debajo de las sillas. El juguete no estaba en ninguna parte.

Ustedes deberían echar un vistazo al patio y yo me quedaré buscando aquí sugirió Ron.

En cuanto Danny y yo salimos, escuchamos la voz de Ron.
¡Lo encontré! ¡Lo encontré!

Corrimos hacia él y vimos el pequeño objeto en sus mano.

Ese no es el león del que hablaba, Danny frunció el ceño. Mi juguete es grande y suave, y este es pequeño y de madera.

Al principio, el rostro de Ron estaba decaído, pero pronto una mirada de determinación reemplazó su decepción.

No te preocupes dijo. Regla número uno de un superhéroe: ¡Nunca te rindas!

Regla número dos añadí Aprende de tus errores. Estamos buscando un juguete de peluche GRANDE y SUAVE.

Suave y grande. ¡Entendido! Ron respondió.

Y regla número tres dije, ¿Quién puede hacer lo que se proponga?

Soy un superhéroe ¡puedo hacer cualquier cosa que me proponga! gritó Ron con entusiasmo.

Tenemos que pensar como superhéroes continuó. Si el juguete no está en la casa, debe estar en alguna parte afuera. ¡No puede volar!

Ron se rio y vio hacia el cielo, pero de repente, se congeló.

¿Qué estás mirando? me pregunté, mirando hacia arriba también.

Ron señaló la cima de un árbol de manzanas.

¡Mi juguete! ¡Lo encontraste, Ron! exclamó Danny.

¿Pero, cómo lo sacaremos del árbol? añadió en voz baja.

Ron puede llegar fácilmente dije. Puede usar sus súper poderes: sus manos pegajosas y sus largos saltos.

Ron respiró hondo y empezó a subir el árbol, saltando de rama en rama.

Llegó hasta el juguete y rápidamente bajó y se lo entregó a mi hermano.

¡Eres mi héroe! Danny rio y le dio un gran abrazo a Ron.

En realidad, Maya es la verdadera heroína Ron le corrigió. ¡Ella me ha enseñado todo lo que sé!

Ese día aprendí que incluso si no somos los superhéroes de las películas, ¡somos inteligentes y fuertes, y podemos hacer todo lo que queramos!

Y recuerda, ¡tú también eres un superhéroe!

www.ingramcontent.com/pod-product-compliance
Lightning Source LLC
Chambersburg PA
CBHW061140070526
44584CB00033B/4379